ISIS MOREIRA

ACORDA!
SONHAR NÃO BASTA!

Diretora
Rosely Boschini

Gerente Editorial
Rosângela Barbosa

Assistente Editorial
Juliana Cury Rodrigues

Controle de Produção
Fábio Esteves

Preparação
Cris Fernandes

Projeto Gráfico e Diagramação
Página Viva

Revisão
Paula B. P. Mendes

Capa
Vanessa Lima

Foto da Capa
Nick Saiker e Henrique Alen

Impressão
RR Donnelley

Copyright © 2018 by Isis Moreira
Todos os direitos desta edição são
reservados à Editora Gente.
Rua Wisard, 305 – sala 53,
São Paulo, SP – CEP 05434-080
Telefone: (11) 3670-2500
Site: www.editoragente.com.br
E-mail: gente@editoragente.com.br

Dados Internacionais de Catalogação na Publicação (CIP)
Angélica Ilacqua CRB-8/7057

Moreira, Isis
    Acorda! Sonhar não basta! : como descobrir o seu melhor,
usá-lo para criar o seu negócio ideal e ter uma vida extraor-
dinária / Isis Moreira. - 1ª ed. - São Paulo : Editora Gente,
2018.
    128 p.

ISBN 978-85-452-0258-5

1. Sucesso nos negócios 2. Empreendedorismo 3. Autoconhecimento 4. Autorrealização I. Título

18-0590   CDD 650.1

Índice para catálogo sistemático:
1. Sucesso nos negócios

Agradecimentos

Este livro não poderia existir sem a minha família, que sempre me incentivou a ler e apoiou minha educação. Aos meus pais, Ângela e Edevaldo, que tanto me ensinaram sobre trabalho e que nunca reclamaram de precisar trabalhar. Eles são meus primeiros grandes líderes e eu não seria absolutamente ninguém sem eles. Aos meus irmãos, Ivo e Lis, por estarem sempre ao meu lado como meus melhores amigos.

Ao meu esposo, Henrique Carvalho, que me ensina todos os dias o poder do amor e do companheirismo. Seu apoio me permite realizar muitas coisas!

Ao meu quase pai, Edison Saraiva, por ter me inspirado com tamanha generosidade, amor e incentivo nos primeiros passos de minha carreira.

Ao Granville e Érico Rocha, por me abrirem muitas portas no mundo dos negócios.

Agradeço também aos professores da minha faculdade e ao desgosto que eu sentia por ter que seguir padrões na universidade. Sem isso, eu nunca teria me mobilizado a querer construir uma vida nos meus termos e a criar um trabalho que amo, em vez de seguir o que é imposto.

A todas essas pessoas, minha eterna gratidão.

Sumário

Capítulo 1
Os dois lados da moeda 6

Capítulo 2
Do caos à reinvenção 24

Capítulo 3
Lidere sua vida 38

Capítulo 4
O hábito da reinvenção 50

Capítulo 5
Mineração de talentos pessoais 78

Capítulo 6
Da paixão profissional ao lucro 96

Capítulo 7
Celebre o seu melhor 116

Os dois lados
da moeda

CAPÍTULO 1

Isis Moreira

"O que você vai ser quando crescer?" Quantas vezes já não escutou essa frase? Desde crianças somos instigados a decidir sobre nosso futuro.

E a profissão escolhida para o futuro é o que determina quem você vai ser? Um ser humano não é muito mais do que um cargo?

Mesmo sem saber o que significa a palavra "vocação", precisamos escolher e comunicar desde a infância se seremos médicos, advogados, professores ou seja lá quais forem as profissões consideradas dignas e que ofereçam uma boa remuneração.

Mesmo sem ter experimentado a vida, sem conhecer todas as profissões que existem, durante

Os dois lados da moeda

toda a nossa juventude o mundo nos pede uma escolha.

A sociedade atual delimita a sua importância como indivíduo de acordo com a profissão que você exerce. No entanto, como ficam aqueles que não têm profissão?

Quantos adolescentes marcam uma opção qualquer no formulário de inscrição do vestibular apenas para serem aprovados?

Alguns têm a sorte de seguir uma profissão que amam desde pequenos. Outros entram na faculdade e trancam matrícula, ou terminam o curso e pegam um diploma por obrigação, tornando-se reféns dele.

Outros, ainda, veem o concurso público como única ou última opção para uma vida feliz, segura e tranquila. Passam anos estudando, são aprovados e depois caem numa rotina que não os completa, que não lhes permite vibrar nem sonhar.

Certas pessoas não dão o melhor de si no trabalho que exercem porque detestam a rotina que vivem, nem ao menos sabem quais são as melhores habilidades que possuem e que podem ser aplicadas ao que fazem.

Se pensarmos na palavra "trabalho", para alguns ela significa dinheiro, para outros, dignidade ou até obrigação. No entanto, também pode significar bater ponto, cumprir horário, aposentadoria, cumprir uma missão ou sentir preguiça.

Trabalho pode ser o ódio à segunda-feira, o amor à sexta. Ou vice-versa. Trabalho pode ser compromisso ou descaso, fardo ou honra.

Pense bem. Se trabalhamos de manhã e à tarde e não gostamos do que fazemos, resta-nos apenas a noite para viver. Se, porém, apreciamos nossa atividade profissional, vivemos o dia todo.

Acontece que a maioria dos jovens cursa uma faculdade qualquer por não saber direito que profissão quer exercer ou por não conhecer todas as opções de profissão que existem, ou não faz faculdade porque, por necessidade, é obrigada a aceitar o primeiro emprego que vê pela frente e inicia a fase adulta dessa forma insatisfatória.

E assim esses jovens vão sobrevivendo, ou tentando se encaixar na expectativa que outros criaram sobre eles. Até que se veem na crise dos 30 anos, quando se perguntam: "Quem sou eu na vida? O que fiz até hoje?".

Não é raro encontrar alguém em crise existencial aos 30 anos. Nem tampouco alguém que vive dos 30 aos 40 se lamentando das escolhas que não fez aos vinte.

Também é comum achar gente na casa dos 50 anos rezando para se aposentar e, quando a aposentadoria

Os dois lados da moeda

chega, entra em depressão por não ter com que se ocupar.

A partir daí o discurso muda. O pensamento passa a ser "Vou ensinar meus filhos e netos a serem diferentes".

Entretanto, as pessoas continuam virando para seus filhos e netos para perguntar: "O que você vai ser quando crescer?".

Então o ciclo se repete. Crescem novos adultos sem certeza das escolhas que fizeram. Ou com certeza, mas muito medo de nunca serem bons o suficiente.

Não gostar do emprego ou não se realizar nele significa jogar uma vida fora. Exercer um trabalho medíocre, ou seja, que agrada mais ou menos, é desvalorizar a vida. Por quê? Porque se você tem um trabalho que não ama, que o faz sentir-se mal, você se prejudica diariamente durante oito horas. As dezesseis horas restantes você usa para fazer serviços domésticos, dormir e aproveitar o que chama de vida no trânsito, assistindo à televisão ou buscando alguma outra fuga para se distrair.

Por essa razão, infelizmente, para a maioria das pessoas trabalho é sinônimo de sofrimento, sobrevivência e obrigação.

Agora observe a questão por outro lado. Se você amasse o que faz, se todos os dias sentisse picos de alegria com

Isis Moreira

o seu trabalho em vez de picos de estresse... Se ele lhe desse muito mais coragem do que medo, se para você ele fosse uma fonte de reconhecimento e bem-estar...

Se o seu trabalho fosse diariamente construtivo para você, se ele o fizesse crescer e se sentir uma pessoa melhor a cada dia...

- **Como seria se fosse assim?**
- **Como você voltaria para casa todos os dias?**
- **Como seria o seu dia seguinte?**
- **Como seria viver todos os dias uma vida incrível?**
- **Como seria se você valesse muito além de um cargo?**
- **Você teria vontade de se aposentar desse modo?**

Estamos falando de dois mundos. Dois polos. Dois lados de uma mesma moeda chamada trabalho.

Conheço a fundo ambos os lados. Nasci e cresci em Brasília. Quando eu era bem pequena minha família era bastante próspera. Tínhamos dinheiro em abundância, podíamos comprar o que queríamos.

Minha família sempre me mostrou a importância do trabalho, de fazer as coisas bem-feitas.

Meus avós trabalhavam muito. Eu tinha uma avó que

Os dois lados da moeda

era costureira, ela acordava às 4 horas da manhã e ia até o pôr do sol, sempre fazendo tudo com muito capricho.

Minha mãe era professora, sempre levou com alma a educação de jovens e meu pai, médico, nunca teve preguiça de trabalhar. Mesmo precisando levantar de madrugada para dar plantões ou atender emergências, jamais reclamou de trabalhar.

Então, para mim, trabalho era algo bom, algo que proporcionava dignidade e fazia o ser humano melhor. Entretanto, minha visão da vida financeira era diferente.

Com 7 anos formei o meu primeiro conceito de dinheiro. Algo ruim, desastroso, que estimulava a discórdia e a vaidade.

Meus pais se separaram naquela época e minha família ficou bastante endividada. Dinheiro para mim era sinônimo de brigas, de ver meu pai trabalhando para me dar uma boa escola mas, ao mesmo tempo, distante de mim. Dinheiro era sinônimo de pensão alimentícia.

Dinheiro era ver minha mãe chorar porque não havia dinheiro para pagar as contas.

Comecei a trabalhar aos 9 anos. Fazia colares de miçangas. Pegava um ônibus e ia vender os colares a 1 real para minhas amigas e para amigas da minha mãe.

Depois de uns anos passei a vender também ímãs

de geladeira, cosméticos de catálogos, caixas de artesanato. Trabalhei como recepcionista em eventos.

O que me movia a ganhar uns trocados era ajudar nas despesas em casa ou simplesmente comprar o que eu queria. Minha visão de dinheiro estava associada à sobrevivência e a um pouco de liberdade.

No entanto, eu me sentia sempre muito mal. Lembro-me do sofrimento contando centavos para comprar meu lanche antes de ir para a escola. Das reclamações, das dívidas.

Cresci com muito medo de ser adulta, de precisar me sustentar. Pensava que seria difícil, pois essa era a imagem que eu tinha dos adultos que conhecia. Todos, sem exceção, pareciam sofrer bastante.

Os ricos de quem eu ouvia falar aparentavam ter dado sorte na vida e pareciam ser poucos. Abundância de dinheiro era algo muito distante para mim. No máximo eu acreditava que seria capaz de pagar as contas sozinha quando chegasse a hora. Porém, conseguir prosperar de verdade, não, isso me soava impossível.

Até que, aos 18 anos, chegou a hora de eu decidir qual opção marcaria na inscrição para o vestibular. A escolha da profissão era uma das mais difíceis. Eu não tinha a mínima noção do que queria.

Os dois lados da moeda

Meu pai aconselhou: "Filha, faça Medicina, vai ser bom para você". Como eu gostava do assunto qualidade de vida e bem-estar, aceitei a sugestão. Marquei Medicina.

Reprovei em mais de doze vestibulares. Passei dois anos estudando catorze horas por dia para ser aprovada, e nada. Até que desisti, mudei minha opção para o curso de Nutrição e entrei na faculdade.

Depois de quatro anos me formei nutricionista e passei a atender em um consultório. Em dois anos de atuação me tornei bem-sucedida na área.

Ganhava 440 reais por atendimento, vivia com a minha agenda cheia. No entanto, ao mesmo tempo não me sobrava dinheiro. Meus gastos eram descontrolados.

Eu trabalhava para ostentar uma imagem. Para pagar mais estudos e continuar ganhando mais para alimentar meu ego, meu desejo de ser reconhecida.

Eu trabalhava duro de manhã, de tarde e de noite. Levava trabalho para casa nos fins de semana. Era completamente viciada em trabalhar. O vício não era motivado pelo prazer do trabalho em si, mas pela liberdade que o dinheiro me dava de escolher de maneira artificial ser quem eu queria.

Até que passei a me questionar se era aquilo mesmo que eu realmente desejava. Nunca me sentia satisfeita.

Isis Moreira

Sempre existia algo que eu não tinha e que queria ter. Minha vida era movida por ganância. Ganância por mais cursos caros, mais pós-graduações, mais viagens para fugir do mundo que me pressionava e que eu mesma havia criado.

Ganância por mais roupas, mais suplementos alimentares e vitamínicos, mais e mais coisas para sustentar algo que eu nem sabia o que era. Exercia minha profissão para preencher um vazio que só aumentava com o passar do tempo. Não me sentia realizada nem completa, mesmo escutando elogios e parabéns.

E, no fundo, eu me sentia muito mal. Sentia culpa por ser assim. Queria ser perfeita em tudo que fazia, na imagem que passava aos outros, no jeito que falava. Queria, no fundo, ser aceita.

Vivia com o coração apertado. Queria ajudar os outros a organizarem os próprios hábitos alimentares, mas eu mal organizava meu guarda-roupa, que vivia todo bagunçado, igual à minha cabeça.

Lembro-me de vários fins de semana que passava deitada, olhando para o teto e pensando em como tudo poderia ser diferente. No fundo, eu não me conformava. Entretanto, ao mesmo tempo agradecia por ter um trabalho, um lugar onde morar e uma família que me amava.

Uma vontade de mudar meu modo de trabalhar começou a bater todos os dias à minha porta. Até que ela entrou, roubou meu ar e passou a me sufocar.

Isis Moreira

Uma vontade de mudar meu modo de trabalhar começou a bater todos os dias à minha porta. Até que ela entrou, roubou meu ar e passou a me sufocar.

Eu não aguentava mais viver daquele jeito. A gota d'água já tinha caído e transbordado o copo há tempos.

Houve uma época que eu ia ao consultório todos os dias angustiada. Não entendia o que estava acontecendo. Gostava de exercer minha profissão, mas no fundo não era bem aquilo que eu queria.

Trabalhar havia virado um pesadelo. Era assaltada diariamente pela sensação de que estava enlouquecendo, mesmo com um bom emprego e reconhecimento profissional. Eu era um exemplo vivo do ditado "Por fora bela viola, por dentro pão bolorento".

Mas como mudar de profissão? Como explicaria isso para a minha família? Será que pensariam que eu havia fracassado? O que os pacientes que eu atendia no consultório iriam dizer? Teria coragem para abandoná-los?

As pessoas me achavam tão tranquila, tão certinha. Uma pessoa tão novinha, mas já tão bem encaminhada na vida.

No entanto, eu vivia uma intensa briga interna diária, minha vida era uma contradição. Comigo, com meu passado e com o futuro incerto que eu tinha.

Os dois lados da moeda

No meu coração eu sentia uma vontade imensa de falar para muitas pessoas de modo que pudesse ajudar muito mais gente de uma vez. De sair do mundinho das minhas necessidades fúteis e me doar mais para as pessoas. De fazer algo que de fato preenchesse o meu vazio secreto e me fizesse sentir ser alguém melhor.

Minha energia e minha vontade de impactar as pessoas não cabiam em mim. E quando eu fazia meus atendimentos, querendo falar para milhares de pessoas, falava para apenas uma pessoa no consultório. Entre quatro paredes.

Dia após dia fui morrendo em mim. Não tinha forças para levantar, chegava sempre atrasada ao consultório, voltava para casa com vontade de chorar. Era horrível. Ao mesmo tempo, me culpava e logo me arrependia de tudo isso. Pensava: "Eu deveria ser grata por tudo que tenho e por tudo que conquistei".

Então, em maio de 2014, fui a um evento de marketing digital em São Paulo e vi quantas pessoas estavam usando a internet para criar produtos digitais.

Aquilo acendeu uma luz no fim do túnel em que me encontrava. Eu amava a internet, e logo vi que ela poderia ser a ponte para concretizar a minha vontade de falar para muitas pessoas.

Minha energia e minha vontade de impactar as pessoas não cabiam em mim.

Os dois lados da moeda

Naquela época, passei a estudar marketing digital a fundo, me aproximei de mentores e me cerquei de pessoas que como eu queriam crescer e que também não estavam satisfeitas com a forma como conduziam seu trabalho.

Ao estudar assuntos diferentes e conviver com pessoas completamente diversas, me abri para um novo mundo de muitas possibilidades. Descobri como fazer lançamentos na internet, avistei um mundo digital que até então desconhecia por completo e que me possibilitaria atuar pela internet.

Aos pouquinhos fui estudando e lancei um livro digital que me deu um primeiro resultado: ganhei pela internet um salário de três meses em uma semana. E esse foi o ponto da virada.

Entre culpas e angústias, entre dores e sonhos, num ato de coragem por mim mesma, decidi fechar meu consultório, abandonar tudo o que já havia conquistado e me mudar de Brasília para o Rio de Janeiro a fim de começar uma nova vida.

No Rio de Janeiro eu não conhecia ninguém, não faria atendimento em consultório, poderia recomeçar minha vida profissional do zero, como uma folha em branco.

Depois da mudança, em menos de três anos lancei mais de doze cursos diferentes, me tornei palestrante,

tive milhares de alunos, construí um negócio que fatura milhões de reais por ano e, mais que isso, conquistei liberdade, um estilo de trabalho que amo e paz profissional.

Pude concretizar um estilo de trabalho que me torna alguém melhor, por meio do qual posso realizar o meu melhor, me sentir mais viva, mais plena e ter uma vida de abundância, tanto emocional como financeira.

Mais que o resultado de ter um faturamento de milhões por ano, hoje tenho um propósito. O trabalho e o dinheiro para mim estão exclusivamente associados a lembranças positivas.

E você deve estar se perguntando o que aconteceu comigo no Rio de Janeiro, como construí meu negócio, por quais venturas passei.

Vou preencher essa lacuna no próximo capítulo. Entretanto, lembre-se: esse livro não é para falar de mim. É para falar de você, de como pode se reinventar, de como pode encontrar uma paixão não só por uma profissão lucrativa, mas a paixão por si mesmo, por ter uma vida incrível.

Este livro é para que você descubra o seu melhor e saiba como realizar esse melhor na sua vida.

Vamos lá?

Do caos à
reinvenção

CAPÍTULO 2

Isis Moreira

mudar

Em outubro de 2014 resolvi me mudar para o Rio de Janeiro. Reduzi todo o meu guarda-roupa a uma mala pequena. Fechei meu consultório. Eu me despedi de tudo aquilo que não fazia meu coração cantar e fui redescobrir meus sonhos e uma nova vida. Fui recuperar meu ar.

Desembarquei na Cidade Maravilhosa. Levava comigo uma mala, um computador e todos os meus sonhos para morar por um mês num lugar desconhecido.

Um amigo que morava no Maranhão me deixou ficar em seu apartamento vazio do Rio naquele mês. Até hoje sou muito grata a esse amigo, sem a ajuda dele eu não teria dado esse primeiro passo.

Do caos à reinvenção

Antes de ir para o Rio eu tinha acabado de gastar meu dinheiro em cursos, mais de 16 mil reais naquela época. Foram todas as minhas economias embora, eu era realmente muito descontrolada com dinheiro e não tinha a menor noção dos meus gastos. Por fim, fiquei com uma quantia para passar apenas um mês na Cidade Maravilhosa.

Eu não imaginava o quanto gastaria para me sustentar. Era a primeira vez que moraria sozinha, sem a minha família. Um misto de muitas emoções.

Na primeira noite, quando cheguei ao Rio, parecia um pinto no lixo: pulava, dançava sozinha, numa alegria que não cabia em mim. Era como se eu tivesse aberto as portas da independência.

Eu me sentia como passarinho que saiu da gaiola, livre para conquistar tudo o que quisesse. Tinha um livro em branco à minha frente, uma nova história para escrever. No entanto, nem imaginava as dificuldades que enfrentaria.

Eu me debrucei sobre um novo projeto digital chamado "Programa Transforme Sua Vida". Era um programa de aulas on-line com ferramentas de coaching. Algo bem indefinido e abstrato. Peguei a primeira ideia que me veio à cabeça e a implementei sem pensar duas vezes.

Tinha um livro em branco à minha frente, uma nova história para escrever. No entanto, nem imaginava as dificuldades que enfrentaria.

Do caos à reinvenção

O êxtase da mudança durou uma semana. Na segunda semana, comecei a considerar se eu havia cometido a maior besteira da minha vida.

Viver de cursos on-line para transformar a vida das pessoas? Abandonar tudo que eu tinha até então? Me despedir de todo mundo como se tudo fosse dar certo em outra cidade sem ter certeza nenhuma disso? Só me passava pela cabeça que eu havia ficado maluca. Era o que todos à minha volta diziam.

Minha mãe me ligava sempre chorando, pedindo para eu voltar. Dizia que o Rio era perigoso e que eu estava fazendo uma loucura, que não ia dar certo. Todos, para me proteger, falavam o mesmo.

Eu sofria muitas crises de choro. Eu me deparei com o gosto amargo da solidão. Não tinha ninguém com quem conversar. Quando ligava para conhecidos em Brasília, todos tentavam me convencer a voltar e eu só ficava pior, me sentindo mais culpada e arrependida.

Até que decidi me isolar e me comprometer com todas as vírgulas da minha decisão. Decidi falar o mínimo possível com amigos e familiares, para que eles não tentassem me fazer voltar para Brasília. E decidi também que o curso que eu lançaria na internet seria minha salvação.

Isis Moreira

O que mais me motivava era a torcida contra, eram as tentativas de me proteger e os julgamentos que faziam a meu respeito. Virou uma questão de ego. Eu não podia voltar para casa e dizer para as pessoas: "Falhei, fui infeliz no meu projeto e nada deu certo". Seria um atestado de fracasso, um diploma de "maluca" que eu iria carregar pelo resto da minha vida.

Aguentei firme, mas o dinheiro começou a apertar. Tive de passar a contar os centavos. Estava sem ganhar nada. Dureza total. Comecei a economizar o máximo possível nas refeições, a ponto de juntar o café da manhã com o almoço e só comer de novo à noite, para gastar menos.

Até que chegou o dia de abrir as inscrições para o meu curso. O dia em que eu poderia pegar meu troféu e anunciar para todos: meu projeto deu certo! Venci!

Foi numa segunda-feira de novembro. Nove horas da manhã. Abri as inscrições e, para minha surpresa, nada. Nenhum aluno. Até o terceiro dia, nada. Ninguém se inscrevera no meu curso. Que fracasso. Eu havia trabalhado quatro semanas no projeto, gravado dezenas de vídeos, editado tudo, passado noites sem dormir, rompido as maiores barreiras pessoais e fracassado.

Minha única alternativa era persistir. Até que consegui uma venda no quarto dia. E no último dia

O que mais me motivava era a torcida contra, eram as tentativas de me proteger e os julgamentos que faziam a meu respeito.

de inscrições, resolvi fazer uma promoção para os interessados. Dei 50% de desconto no curso por ser Black Friday. E as vendas aconteceram depois disso, a chave virou e consegui ganhar 9 mil reais com meu primeiro curso.

Esse primeiro resultado me deu a mais absoluta certeza de que eu estava no caminho certo. Que só precisaria mudar minhas estratégias, reformular algumas ideias e seguir em frente.

Lembro que voltei a Brasília para passar o Natal em família e comuniquei que minha mudança realmente era definitiva. Em janeiro retornei ao Rio, já com um quarto alugado na casa de uma senhora, que vi anunciado.

Morei um tempo naquele quarto, depois mudei para outro local, um apartamento que dividia com seis pessoas. Fui pulando de apartamento em apartamento, sem conforto, sem amigos e sem privacidade, por morar em locais compartilhados. Fui me encontrando com meus objetivos. Com a minha essência.

Foi o período de maior solidão da minha vida, e tenho consciência de que escolhi viver isso. Havia pessoas que me amavam querendo me dar atenção, mas para mim elas eram um pedido de retorno para a vida que eu tinha antes. Sim, me sentia extremamente sozinha

Do caos à reinvenção

por escolha própria. Entretanto, aquele foi o período de maior dedicação a mim mesma. Eu estava ali, todos os dias, presente e entregue aos meus sonhos. Pensava em quem eu realmente era, nos novos conhecimentos que precisava adquirir. Fiz dos meus desafios os meus melhores amigos. Não sei se estava certa ou errada, mas fiz o que foi possível.

Estava dedicada de corpo, alma e coração ao que havia de mais precioso na minha vida: o meu presente. E para mim não havia mais a opção de voltar atrás, a única escolha era fazer tudo dar certo até dar certo.

Meu maior aprendizado foi como adquirir autoconfiança enquanto todos duvidavam de mim. Foi dizer "sim" para o que eu queria enquanto todo mundo dizia "não". Foi vencer o pior dos meus inimigos: o medo de fracassar.

E em todo esse caos de contar dinheiro para me sustentar, de escassez de amigos, de precisar me adaptar numa outra cidade... No meio de todo esse caos eu me reinventei. Comecei a pensar pela primeira vez no que realmente gostava. E não no que diziam que eu poderia gostar.

Passei do caos à reinvenção. Foi um tempo para recuperar meu fôlego para a vida, para os meus sonhos.

Estava dedicada de corpo, alma e coração ao que havia de mais precioso na minha vida: o meu presente. E para mim não havia mais a opção de voltar atrás, a única escolha era fazer tudo dar certo até dar certo.

Do caos à reinvenção

E agora, pergunto:

- **Quantas vezes você pensou de fato no que realmente queria?**
- **Quantas vezes seguiu sua intuição e não a opinião alheia?**
- **Quantas vezes seguiu seu rumo, mesmo não sendo o rumo que outros decidiram para você?**

O maior presente que ganhei com toda essa experiência foi entender o poder da escolha. Um poder que eu não usava antes.

O que existe de mais nobre no ser humano é o poder da escolha consciente. O poder de decidir. Nenhum outro animal tem esse poder. Gatos "escolhem" comer o que seus donos mandam. Seres humanos podem escolher o que sua fome manda.

Seres humanos podem expressar de modo consciente as suas emoções, escolher o que querem para o futuro, fazer da própria vida algo muito além de seguir o instinto de sobrevivência.

Infelizmente, porém, muitas vezes tomamos a decisão de não escolher. De não decidir. De sermos

Isis Moreira

domesticados pela opinião dos outros, em vez de domesticarmos nós mesmos os nossos próprios sonhos.

Diante dos desafios a maioria das pessoas escolhe o medo. É muito mais fácil escutar os medos do que os sonhos. Os medos são barulhentos, estão sempre à disposição, incomodam, são fartos.

Já os sonhos são quietos, recatados, ficam sempre na deles esperando que você os busque. Falam baixo. Não chamam a atenção. Por essa razão é muito mais fácil ignorar os próprios sonhos do que ouvi-los.

Diante de muitos desafios já fui medo, covardia, tristeza e desistência. Eu não sabia que o maior abandono é o abandono próprio. Até que descobri o hábito da reinvenção, que vou revelar a você no capítulo 4. Agora vou falar de um ponto muito importante, que é a importância de você liderar sua vida.

Lidere
sua vida

CAPÍTULO 3

Isis Moreira

Não há como ser dono de um negócio lucrativo se, primeiro, você não lidera a própria vida. Antes de o seu negócio dar lucro é necessário que você desenvolva a sua vida.

Um dos grandes problemas da sociedade atual é as pessoas ficarem à espera de que a vida lhes dê algo em vez de começarem a agir. Estamos diante de uma geração de adultos inseguros, imediatistas, guiados pelo prazer instantâneo. Temos à nossa frente uma grande massa de gente que espera sempre ser premiada, mesmo sem fazer nada que mereça um prêmio.

Muitos ambicionam uma carreira bem-sucedida, reconhecimento, uma vida confortável e sem preocupações.

Temos à nossa frente
uma grande massa
de gente que espera
sempre ser premiada,
mesmo sem fazer
nada que mereça
um prêmio.

Isis Moreira

Entretanto, poucos estão dispostos a pagar o preço para conseguir tudo isso.

Em vez de agir, as pessoas vivem esperando que algo incrível aconteça. E, contraditoriamente, querem obter os mesmos resultados de quem age. Desejam parar de sofrer por qualquer coisa à toa. Sonham com prestígio social, uma profissão maravilhosa, de sucesso.

No entanto, quando colocam os pés no chão e avaliam a própria vida, percebem que a expectativa criada sobre o que gostariam de ter não corresponde à realidade do que têm.

As pessoas ambicionam bens materiais, criam expectativas de crescimento, e quando encaram a realidade sentem-se depressivas, ansiosas e inseguras.

Essa distância entre o que se deseja ter e o que realmente se tem é um buraco negro de dor para muitas pessoas. A maioria tenta resolver a questão por meio de prazeres instantâneos, de algum vício que esconda a realidade que não querem enxergar.

Pessoas que buscam alguma fonte de prazer imediato se sentem melhores de novo por algum tempo, mas, quando voltam a consultar suas contas bancárias, mais uma vez se sentem depressivas, inseguras e ansiosas. E vão novamente buscar outros prazeres na tentativa

Lidere sua vida

de curar a dor da frustração causada pelo que não conseguem ser e possuir.

A maioria das pessoas, hoje, vive num ciclo alternado de infelicidade e busca de prazer. E o trabalho está totalmente relacionado a esse ciclo. Quem nunca abriu a geladeira e devorou doces depois de um dia estressante no batente?

Nunca se viu uma taxa tão grande de vícios, de compulsão por comida, internet, drogas, fofocas, televisão. Taxas altas de suicídio são resultado da obsessão de querer sentir prazer na vida e não conseguir.

O padrão é ver pessoas insatisfeitas com seu emprego, colocando a culpa no chefe, na crise ou nos clientes.

Desenvolveu-se uma geração de adultos fracos e viciados em reclamar, em vez de fazer acontecer. Obcecados pelo deleite de falar mal dos outros em lugar de olhar para si mesmos. Adictos em esperar algo da vida sem agir, pensando a longo prazo para concretizar algo que tanto querem que aconteça.

E a origem disso tudo é uma só: as pessoas não querem agir, só receber. Ficam inertes em vez de ir à luta para realizar seus sonhos, como se a vida fosse o gênio da lâmpada, que atende de graça a todos os pedidos que lhe fazem.

De um jeito mimado e egoísta, as pessoas querem o melhor para si, rapidamente, agora. Entretanto, sem dedicar o tempo necessário para alcançar o que desejam, sem ter paciência para atingir resultados.

Fazem algo por si mesmas uma única vez ou abandonam fácil a sua meta porque tentaram duas ou três vezes e não a atingiram. Nunca insistiram por anos até conseguir.

Se colocarmos uma semente na terra e a regarmos uma vez só, a planta não vai brotar. É preciso regá-la todos os dias.

A culpa por tanta inércia e egoísmo, porém, não é sua, nem das pessoas em geral: é da cultura atual que nos prepara desde a infância para sermos assim. Uma cultura que nos faz crescer acreditando que somos "especiais" sem termos feitos nada para merecer essa qualificação.

Apenas por ter nascido a pessoa já é considerada especial, originando a "Síndrome do Adulto Especial", aquela pessoa que não fica feliz sem uma chuva de elogios e milhares de aplausos diários, sem escutar "eu te amo" das pessoas à sua volta.

Temos hoje uma geração de adultos que esperam ou buscam reconhecimento o tempo todo. No entanto,

Lidere sua vida

por mais que se esforcem não conseguem se sentir especiais quando encaram a sua realidade. São incapazes de sentir amor sem receber amor.

Não conseguem sentir felicidade. Querem receber a felicidade de alguém. Não são capazes de criar por conta própria sentimentos bons, de apreciar desafios.

Precisam sempre receber algo do meio externo, não há independência emocional. Nossa cultura ensina que devemos ser importantes, mas não ensina que conquistar importância tem um preço. Que antes de sermos verdadeiramente especiais devemos contribuir com algo para o mundo. Que antes de sermos importantes devemos nos importar com os outros. Que viver não é só sermos servidos, é também servir.

Liderar é o oposto da postura mimada de permanecer à espera. É agir de maneira consistente, persistente, com um propósito nobre em vista, sem esperar. É acordar todos os dias fazendo algo por si mesmo e pelos outros. Sem depender de horóscopo ou tarô para saber o que vai acontecer antes de tomar decisões. Sem ter necessidade de ler mensagens de biscoitos da sorte para vivenciar o otimismo no dia a dia.

Sem você forte no comando, como o seu negócio pode dar certo? Se você não faz escolhas e toma decisões

Liderar é o oposto da postura mimada de permanecer à espera. É agir de maneira consistente, persistente, com um propósito nobre em vista, sem esperar. É acordar todos os dias fazendo algo por si mesmo e pelos outros.

Lidere sua vida

diárias de modo imparável, como é possível encontrar o sucesso que busca? Sem você dando o seu melhor em tudo que faz, como alcançar a excelência e gerar o impacto que deseja causar?

Quem realmente escolhe o que quer, quem conscientemente opta por servir a uma causa, se importar com os outros, ter uma intenção positiva diária sem depender do recebimento de aplausos, elogios, medalhas ou qualquer outra coisa que satisfaça a necessidade de se sentir especial — essa pessoa é quem descobre o que é a verdadeira realização pessoal.

E se as pessoas mudassem a necessidade do resultado rápido pela paciência? E se substituíssem o desejo de "ser" especial por "fazer" algo de especial? E se trocassem a ânsia de alcançar o sucesso profissional sem fazer muito esforço por dar o máximo de si todos os dias, sem esperar reconhecimento?

Um líder faz o cinza virar verde, troca uma reclamação por uma ação e vê facilidade onde outras pessoas só enxergam dificuldade.

Suponha o quanto o mundo seria melhor com mais líderes! Considere o quanto a sua vida e o seu empreendimento seriam melhores se no seu cotidiano você assumisse uma postura de liderança!

Isis Moreira

Imagine a possibilidade de acordar diariamente e, em vez de reclamar ou resmungar "Que saco, mais um dia", pensar "Sinto gratidão por estar vivo". E se você não precisasse usar a função soneca do despertador porque está no ritmo da vida, e não sempre atrasado?

O líder age em vez de esperar ou reclamar. Entra em ação em lugar de ser consumido pela insatisfação. É guiado pela arte de fazer acontecer e não pela busca do prazer e do mérito que chegam sem esforço pessoal.

O líder se importa com algo ou alguém, não faz questão de ser importante. Lidere suas emoções, lidere suas insatisfações, lidere seu negócio. Escolha, lidere sua vida.

O hábito da
reinvenção

CAPÍTULO 4

Isis Moreira

reinvenção

Por que algumas pessoas são bem-sucedidas e outras não? Esta pergunta sempre me intrigou. Por que para algumas pessoas parece ser tudo tão fácil e para outras não?

Neste capítulo vou falar sobre o hábito da reinvenção, mas antes vou revelar um estranho hábito que eu tinha.

Desde criança eu costumava questionar sempre por que alguns adultos tinham dinheiro para comprar carros e outros precisavam andar de ônibus, sendo que todos trabalhavam?

Como alguns podiam ter bens materiais e outros não? Até que um dia meu sobrinho de 5 anos, que estava

O hábito da reinvenção

na minha casa, me perguntou: "Tia, como você conseguiu dinheiro para morar aqui?". Respondi: "Eu estudei e trabalhei".

Esta não é a melhor resposta que eu poderia ter dado a ele. No entanto, nem alguns adultos conseguem entender e aguentar a resposta que apresento ao longo deste livro.

De fato, o que determina uma pessoa viver bem consigo e ser bem-sucedida financeiramente? Ter paz interior mesmo trabalhando muito? Não pirar ou desistir de viver? Por que algumas pessoas têm um brilho próprio e parece que tudo é tão fácil para elas? E, para outras, parece que tudo é extremamente difícil e angustiante?

Até meus 25 anos nunca me conformei em viver angustiada. Sempre preocupada. Não aceitava que a vida tinha que ser pagar contas e mais nada. A partir dos 27 anos, com várias experiências, estudando e ajudando pessoas a se desenvolverem, eu pude obter respostas para todas essas questões.

A primeira das muitas respostas que descobri é que não há como separar vida profissional e vida pessoal, como se fossem duas vidas diferentes. Falamos sempre de uma mesma pessoa.

De fato, o que determina uma pessoa viver bem consigo e ser bem-sucedida financeiramente? Ter paz interior mesmo trabalhando muito?

A paz mental ajuda diretamente no sucesso dos próprios negócios. Sem paz não há clareza, e sem ela nossas estratégias ficam embaçadas.

Isis Moreira

Quem você é na vida pessoal impacta na sua vida profissional e vice-versa. Pensar negativa ou positivamente sobre você mesmo vai influenciar o seu trabalho. Além disso, você precisa entender quais são as suas melhores habilidades pessoais para materializá-las no seu trabalho.

Quando vamos trabalhar não somos outra pessoa, nem um personagem. Somos nós mesmos. E quem somos nós?

Acredito que somos tudo aquilo que fazemos ou deixamos de fazer. E o que fazemos recebe grande influência da forma como pensamos, do nosso ambiente mental.

Nosso cérebro é um dispositivo composto de 86 bilhões de neurônios feitos para nos ajudar a sobreviver. Mesmo se não fizer nada, seu cérebro estará constantemente voltado para a sobrevivência, acumulando pensamentos de medo, perigo ou escassez.

Por isso é tão importante ter atitude e dominar os próprios pensamentos. Não deixar que pensamentos negativos tomem conta da mente. E, para eliminar pensamentos de derrota, fracasso, incapacidade e medo, entre outros, é preciso ter atitude.

A paz mental ajuda diretamente no sucesso dos próprios negócios. Sem paz não há clareza, e sem ela nossas estratégias ficam embaçadas.

O hábito da reinvenção

Não é por ter um negócio de sucesso que você será uma boa pessoa. Mas, se for uma boa pessoa, terá um negócio de sucesso. Ou seja, você precisa ser uma pessoa com pensamentos e atitudes de prosperidade para conquistar seus objetivos.

Sua empresa, seu negócio, é um reflexo da sua mente. O que a sua mente lhe diz? São pensamentos bons? Pensamentos de crescimento e prosperidade? Sua mente diz que você tem coragem e competência?

É aí que mora a diferença entre as pessoas bem-sucedidas e as malsucedidas. Se refletirmos bem, todas passam por dificuldades, todas enfrentam desafios. A diferença é que algumas possuem o hábito da reinvenção e outras não.

E o que é reinvenção?

Reinvenção seria o mesmo que resiliência? Não. É diferente. Resiliência é uma capacidade nobre de se adaptar a mudanças, imprevistos ou má sorte. É quando, por exemplo, você sabe que vai faltar dinheiro no final do mês e economiza para não estourar seu orçamento.

Reinvenção é mais que isso, é mais que uma adaptação. Reinvenção vem do verbo reinventar, que é tornar a inventar. Ou seja, é inventar ou criar novamente.

Isis Moreira

Resiliência se refere mais a uma pessoa suportar algo, ser paciente, se adaptar, superar algum problema ou resistir. Já a reinvenção inclui não somente se adaptar, mas criar ativamente soluções, criar uma nova realidade.

Vamos supor uma situação. Uma pessoa teve um gasto extra e sabe que vai faltar dinheiro no final do mês. Quando ela é resiliente, dá um jeito e economiza, aguenta ficar sem dinheiro por um tempo, faz alguma renúncia. Já quando a pessoa se reinventa, ela cria um novo modo de ganhar mais dinheiro em vez de apenas economizar.

A reinvenção ocorre quando você encara a vida não pelo ângulo da aceitação das dificuldades, mas pelo ângulo do encontro de soluções, da busca insaciável de oportunidades ou do ajuste de possibilidades.

E como obter novas soluções? Realizando o seu melhor e encontrando o seu poder interior. Não há como ser forte sem autoconhecimento, sem descobrir seus valores, sem estar consciente dos seus talentos, da sua capacidade de criar soluções e recriá-las novamente quantas vezes forem necessárias até conquistar seu objetivo.

A reinvenção não se faz quando você sabe que há uma luz no fim do túnel, mas sim quando você se torna luz no seu próprio túnel.

A reinvenção não se faz quando você sabe que há uma luz no fim do túnel, mas sim quando você se torna luz no seu próprio túnel.

Isis Moreira

Reinvenção é quando você confia no seu brilho interior. Sim, você é brilhante. Lembre-se disso todos os dias. Nunca houve e nunca haverá alguém com seus talentos e suas habilidades, ideias e perspectivas, que são únicas.

Se você não compartilha a grandeza de quem é, ou precisa sempre se modelar em outra pessoa, o mundo perde algo insubstituível. Só existe um exemplar de você no mundo.

Cada indivíduo tem um dom e muitas pessoas não são felizes profissionalmente porque ainda não descobriram o melhor que existe dentro delas e como colocar esse ouro dentro de um negócio, dentro de uma profissão, dentro da sua rotina pessoal.

Quando descobrimos o nosso melhor, nos tornamos imparáveis, nosso talento profissional se torna único no mercado e nos destacamos naturalmente.

Dentro de cada um de nós existe um presente para os nossos clientes. Qual é o presente que você tem para os consumidores dos seus produtos ou serviços? O que você tem de melhor dentro de si?

É normal desconhecermos nossas habilidades, nossos talentos. Isso acontece porque crescemos ouvindo quais são os nossos defeitos.

O hábito da reinvenção

"Você é muito bagunceira", "Você é muito desorganizado", "Você fala demais", "Você não presta atenção nas coisas". Quem nunca ouviu uma dessas frases?

Na escola não aprendemos o que são valores e habilidades. Não aprendemos a nos conhecer e desenvolver. Aprendemos apenas a decorar o conteúdo de livros e replicá-los em provas.

Por isso crescemos analfabetos de valores, analfabetos de emoções. Quando eu era mais jovem e me perguntava que emoções gostaria que guiassem minha vida, mal sabia responder.

Peça para alguém fazer uma lista das vinte habilidades que possui ou das dez emoções que devem guiá-la na vida. A pessoa vai travar. É por isso que sempre precisamos alfabetizar a nós mesmos no que se refere aos nossos talentos e emoções.

Como descobrir o melhor que existe dentro de você para que consiga se reinventar? Veja os dois exercícios a seguir.

Exercício 1:

Liste dez coisas que ama e dez coisas que não suporta quando o assunto é trabalho. Isso vai ajudar a descobrir as suas afinidades e aptidões.

Amo	Detesto

O hábito da reinvenção

Exercício 2

Entre em contato com quinze pessoas que você conhece e peça que elas descrevam suas qualidades.

Para ajudar no exercício 2, envie a mensagem abaixo às quinze pessoas escolhidas:

Carta de Reconhecimento

Olá!

Estou mandando esta mensagem para um pequeno número de pessoas que respeito e em quem confio para me ajudar em uma tarefa – prometo que é bem rápido.

Li o livro da Isis Moreira e ela me desafiou a descobrir quais são as minhas três maiores qualidades ou "superpoderes". Você pode me ajudar? Olhando de fora, do seu ponto de vista, quais são as minhas três melhores qualidades?

Isis Moreira

É incrível como, com o passar do tempo, nós vamos simplesmente aceitando a vida como ela é, deixando de agir, aprendendo a viver uma vida que apenas suportamos.

Seguimos acreditando que é cada dia mais difícil ser feliz, que não temos qualidades, que somos inferiores ou que não somos bons o suficiente.

Agora, reflita comigo: é possível uma pessoa ser extremamente bem-sucedida fazendo algo que não ama todos os dias de sua vida? Trabalhando em algo por obrigação? Acreditando que não tem nada de especial e que não pode fazer nada de especial por si e pelas outras pessoas?

Pense nos profissionais que mais admira. Eu admiro uma pessoa em especial: Michelle Obama. Acredito que ela é uma mulher fina, gentil, que sabe se comunicar, firme e decidida. Uma inspiração.

Eu duvido que a senhora Obama acorde todos os dias pensando:

- "Será que sou alguém especial?"
- "Será que mereço ter sucesso?"
- "Não sou interessante."
- "As pessoas não vão gostar do que tenho para falar."

O hábito da reinvenção

Você lembra que respondi ao meu sobrinho que havia conseguido comprar minha casa por meio do estudo e do trabalho? Esta não foi a melhor resposta que eu poderia ter dado a ele, mas não havia como dizer a um garotinho de 5 anos que não é apenas trabalhando que alcançamos conquistas materiais, mas sim trabalhando com qualidade. Impactando verdadeiramente a vida das pessoas com o nosso trabalho.

Antes de descobrir o melhor de si, você precisa entender que existem pensamentos que são vilões da sua reinvenção, da sua lapidação interior, da descoberta dos seus talentos.

Por outro lado, há pensamentos que são como heróis, que o elevam, que ajudam a seguir em frente com firmeza.

Para denominar um conjunto específico de pensamentos existe o termo *mindset*, uma palavra da língua inglesa que significa "mentalidade", "atitude mental" ou "modelo mental". *Mindset* abrange estruturas de pensamentos que temos e que atuam em nosso comportamento.

Como vilões da reinvenção temos os *mindsets* de negação, perfeccionismo e medo. E, como heróis, temos os *mindsets* de contribuição, solução e ação.

Vilões	Heróis
Negação	Contribuição
Perfeccionismo	Solução
Medo	Ação

O *mindset* de negação

As pessoas que têm o *mindset* de negação até andam para a frente, mas bem devagar. As frases mais ditas por elas são: "Não vai dar certo", "É difícil", "Não consigo", "Pode dar certo, mas...".

Elas não conseguem ter um produto ou serviço forte no mercado, nem a curto, e nem a longo prazo. Elas não conseguem nem dar um primeiro passo.

Acreditam que são incapazes, que nunca serão boas o bastante porque não nasceram em berço de ouro. Veem o futuro com pessimismo. Acreditam mais na crise, focam mais os problemas, duvidam de tudo e de todos.

O que fazer? Colocar o foco na afirmação, trocar o

O hábito da reinvenção

"não" pelo "sim". Use frases como: "Sim, vai dar certo", "Sim, eu posso", "Sim, é viável". Comece a admitir que é possível realizar o que quer.

Esta não é uma discussão apenas sobre ser otimista, pessimista ou realista. Sobre ver o copo meio cheio ou meio vazio. É algo maior que isso.

Pense comigo: se você não acredita em si e no seu potencial, quem vai acreditar? Se nem você compra a sua ideia, não espere que alguém vá comprá-la.

Por outro lado, o *mindset* de negação também é importante. Em algumas situações é fundamental dizer "não". É excelente falar "não" para o que apaga o seu sorriso, para as besteiras que escuta, falar "não" para aquilo que não ama.

Toda vez que diz "não" para o que o impede de seguir em frente, você diz "sim" para os seus objetivos. Para o que você vai dizer não? Para o que vai dizer sim? Pense nisso.

O *mindset* de medo

As pessoas que vivem imersas no *mindset* de medo travam, se fecham para o mundo. As frases mais ditas são: "Tenho medo de não conseguir", "Não sei se consigo", "O que vão pensar de mim?".

Elas conseguem ter ideias fortes, mas não conseguem transformá-las em um produto forte no mercado, não conseguem juntar forças para lutar pelo que querem por medo do que pode acontecer de errado.

Um dos maiores medos das pessoas que tentam se redescobrir profissionalmente é o de se arriscar em algo novo, o medo do que os outros vão falar, o medo de não serem boas o suficiente.

E a partir do medo elas começam a criar mentalmente histórias de fracasso que têm pouca chance de se concretizar no mundo real.

O que fazer? Focar a coragem. Ter mais coragem, mais iniciativa, não pensar muito na opinião dos outros, não se preocupar com os comentários das pessoas. Focar a sua missão, os seus clientes, o melhor que você quer realizar.

O *mindset* de perfeccionismo

As pessoas sob o predomínio do *mindset* de perfeccionismo se abrem para o mundo, mas sempre com um olhar perfeccionista.

São viciadas em frases como: "Não está tão bom", "Não consigo terminar", "Você viu aquele erro?", "Não tenho tempo".

Focar a sua missão, os seus clientes, o melhor que você quer realizar.

O sintoma mais comum do perfeccionismo é a procrastinação. Por nunca achar nada suficientemente bom, as pessoas não executam ou não finalizam seus projetos.

Há uma diferença muito grande entre ser perfeito e realizar o seu melhor. Você consegue ajudar as pessoas mesmo sendo imperfeito? Sim. Consegue. Talvez leve a vida inteira buscando a perfeição e nem assim a conquiste.

As pessoas que têm o *mindset* de perfeccionismo até conseguem ter ideias fortes, mas não as colocam em prática. Se autocriticam demais, criticam os outros, nada parece estar bom.

Não se preocupe em ser o melhor; se focar a realização do seu melhor todos os dias, isso já será suficiente para alcançar o resultado que você precisa.

O que fazer? Focar o progresso. O progresso é mais importante que a perfeição. Saber que está seguindo em frente é muito mais importante do que ser perfeito.

O *mindset* de contribuição

As pessoas que focam a contribuição são muito mais livres do ego e mais concentradas em ajudar as pessoas que se conectarão com o seu trabalho. Elas fazem por si e pelos outros.

O hábito da reinvenção

As frases mais ditas por essas pessoas são: "Nossa equipe", "Nosso negócio", "Vamos nos engajar", "Vamos conseguir", "Como posso lhe ajudar?".

Elas conseguem ter ideias fortes, são realizadoras, vão até o fim. Os negócios dessas pessoas duram no longo prazo porque o foco é o NÓS: produto, entrega e cliente.

Quanto mais perseguimos apenas o dinheiro, mais ele parece se afastar de nós. Se você acorda todos os dias pensando que quer ganhar um milhão de reais, pode até conseguir. Se, porém, acorda todos os dias pensando em receber um milhão de "obrigados" dos seus clientes, conquistar 1 milhão de reais será uma simples consequência disso.

Pessoas ricas são as que contribuem com algo para os outros, geram empregos, estão mais preocupadas com os problemas dos clientes do que com as próprias dificuldades.

Se você não tem o *mindset* de contribuição, foque o equilíbrio para conseguir contribuir com algo para si mesmo e para os outros.

O *mindset* de solução

O que diferencia uma pessoa bem-sucedida de uma malsucedida é que a bem-sucedida tem muito mais problemas.

Isis Moreira

Ser bem-sucedido na vida não significa ter uma vida perfeita, sem dificuldades. O sucesso está bem longe do conforto.

Pense numa empresa. Do estagiário ao proprietário, quem tem mais problemas? Certamente o dono da empresa. Além de mais problemas, ele tem mais responsabilidades também.

A questão é que o proprietário da empresa se tornou um solucionador de problemas voraz. Quanto mais problemas você resolve, mais sucesso alcança. Quanto mais reclama dos problemas, mais o fracasso bate à sua porta.

As pessoas com *mindset* de solução focam o objetivo, conseguem voar alto, sabem aonde querem chegar e estão dispostas a fazer de tudo para atingir seu objetivo.

As frases mais ditas por essas pessoas são: "Eu consigo", "Eu posso", "Eu tenho a solução", "Eu sei que vai dar certo".

Elas conseguem ter ideias fortes, são realizadoras e vão até o fim, independentemente do preço que pagam em tempo e energia para chegar lá.

Para quem foca grandes soluções, pequenas dificuldades são meros probleminhas. Se você quer realmente crescer, tem que se concentrar nos problemas certos.

O hábito da reinvenção

Eu escuto muitas pessoas que querem crescer mencionando tantos probleminhas. Gravar vídeos é um problema para elas, assim como buscar informações no Google. É impossível crescer desse modo. Se as pessoas que colocam dificuldades e pedras no caminho para tudo não conseguem nem gerar soluções para si mesmas, como poderão gerar soluções para os seus clientes?

O *mindset* de ação

Sonhar é lindo e maravilhoso. No entanto, sonhos sem ação são mera distração. O mercado de trabalho pouco se importa com o seu potencial. Ninguém dá a mínima se você tem sonhos audaciosos ou boas ideias.

Ninguém vai valorizá-lo pela sua vontade de crescer nem por suas boas intenções

Um marinheiro pode desejar dar a volta ao mundo. Entretanto, enquanto ele não embarcar e der essa volta, ninguém o respeitará.

Frequentemente as pessoas vêm me pedir ajuda, dizer que ninguém os auxilia, ninguém acredita no seu potencial, nos seus sonhos. Dizer que o mundo impede o seu progresso, que ninguém lhe oferece apoio, nada mais é que uma vitimização que o levará para o fundo do poço.

Isis Moreira

Um grande mal que atrapalha uma carreira profissional de sucesso é as pessoas falarem demais e fazerem de menos. É bastante comum encontrar por aí gente com ideias brilhantes, disposta a dominar o mundo, mas que não domina nem mesmo o próprio celular.

E, infelizmente, a maioria das pessoas espera receber aprovação de alguém para ter coragem de fazer algo grandioso. Elas querem sempre alguém ao lado dizendo "Vá em frente, acredito em você", "Você consegue, vai dar conta", "Você é especial".

Isso é uma grande balela. Se deseja brilhar, não queira ser mimado o tempo todo. Você precisa ser uma pessoa que acredita em si. Ou você se torna seu maior fã ou vai sempre depender da opinião e do humor dos outros para conquistar o que quer.

As pessoas que têm o *mindset* de ação simplesmente fazem dia após dia o que deve ser feito.

Em certa ocasião conversei com uma coach que reclamava de não ter clientes. Perguntei a ela: "Quantas postagens você faz por dia? Quantas ofertas do seu serviço já fez? Para quantos possíveis clientes liga todos dias? Quantos vídeos gravou? Quantas *lives* fez? Com quantos parceiros você se conectou?"

E a coach não estava fazendo quase nada disso. Ou

O hábito da reinvenção

seja, não adianta. Apenas estudar não traz resultado para ninguém.

A sociedade está cheia de obesos mentais, pessoas que estudam, estudam, estudam, mas quase não praticam as informações que aprendem.

Um diploma, apenas, não conquista clientes para ninguém. Não adianta nada ler um livro e não tomar nenhuma atitude com base no que leu. A sua vida profissional será o reflexo das atitudes que você tomar.

Onde está sua fome de agir? Pare de esperar. Faça acontecer. Não espere ser o melhor especialista do mundo para produzir conteúdo. Você só precisa saber fazer bem.

A ação diária e massiva salvará sua vida. Não queira ser uma pessoa especial e reconhecida se dia após dia não fizer nada de especial que de fato mereça reconhecimento, se você não surpreender.

Em qual estágio você está? Qual tipo de *mindset* mais tem predominado em sua vida?

Consegue entender que existem maneiras de pensar que vão apoiar sua reinvenção e outras que vão fazê-lo se afastar dela?

Onde está sua fome de agir? Pare de esperar. Faça acontecer.

Mineração
de talentos
pessoais

CAPÍTULO 5

Isis Moreira

talentos

Se chegou até aqui e não pulou nenhum capítulo, acredito que nunca mais dirá que não acredita em si mesmo, que não é bom o suficiente, que não merece o sucesso.

Até agora aparamos as arestas para falar de algo muito importante e precioso: seus talentos. Sua melhor versão.

Primeiro, quero afirmar que acredito que talento é diferente de dom. Muita gente acha que para ser bom em algo é preciso ter um dom. Isso é um mito.

Dizem que dom é algo que uma pessoa tem ou não tem. Não vou entrar em discussões sobre essa afirmação ser verdadeira ou não. Se acredita em dom, respeito sua opinião.

Mineração de talentos pessoais

No entanto, pense, por exemplo, no Ayrton Senna. Ele não tinha o dom de dirigir. Por trás do sucesso do piloto não havia dom. Havia, sim, muito esforço, treino, disciplina e persistência.

Por isso acredito que "talento" seja um termo mais apropriado. Considere talentos todas as suas aptidões, habilidades e qualidades. É tudo o que você faz bem.

Há pessoas que desde crianças apresentam talentos específicos, como cantar, pintar, desenhar — isso significa que desempenham alguma atividade com facilidade e maestria, sem esforço algum.

Entretanto, o fato de alguém ter nascido sem talento não significa que não possa adquiri-lo. Vamos supor que uma pessoa não saiba cantar, não goste de cantar e diga que tem uma voz terrível. Se ela aprender todas as técnicas vocais, treinar e cantar todos os dias, com o passar dos anos talvez chegue a cantar de maneira aceitável e até a fazer apresentações, por que não?

Ninguém nasce pronto. As pessoas vêm ao mundo para se desenvolver. Por outro lado, se uma pessoa não tem talento algum para cantar, é pouco provável que um dia se torne realmente brilhante no cenário musical e se destaque por sua voz.

Essa é uma questão de bom senso. Por isso, é muito

Por isso acredito que "talento" seja um termo mais apropriado. Considere talentos todas as suas aptidões, habilidades e qualidades. É tudo o que você faz bem.

Mineração de talentos pessoais

melhor você se destacar numa área em que já possui certa habilidade.

Em relação aos talentos, existem os natos e os adquiridos. Talentos natos, que existem desde quando somos pequenos, são mais raros, mas existem.

Vamos focar, no entanto, os talentos adquiridos. O que determina se vai incorporar um talento é quanto deseja desenvolvê-lo, quanto ele é importante para você e quanto está disposto a treinar para adquiri-lo.

Quando eu era adolescente, escrever, para mim, era fazer apenas redações escolares. Eu não gostava muito de pôr palavras no papel. Considerava tolerável, mas não morria de amores por escrever.

Até que, quando entrei em um cursinho pré-vestibular, fui obrigada a redigir mais. Precisei escrever muito, pois tinha de tirar nota boa no vestibular para ser aprovada. Eu queria muito entrar na faculdade, estudava catorze horas por dia para alcançar esse objetivo. Estava muito motivada na época.

Lembro de certo dia, quando a professora de português do cursinho avaliou uma redação minha. Ela afirmou que mesmo que eu tirasse notas altas em todas as outras matérias, se continuasse escrevendo como escrevia, eu nunca passaria no vestibular.

Isis Moreira

O jeito como a professora falou comigo mexeu profundamente com a minha autoestima. Prometi para mim mesma que passaria a escrever bem e que ela iria elogiar minhas próximas redações. Era uma questão de ego.

Comecei a estudar mais sobre maneiras de redigir. Dediquei-me a ler mais livros. Passado algum tempo, fiz uma redação com a intenção consciente de criar um bom texto. Era a primeira vez que não escrevia só por escrever. Eu tinha um objetivo a alcançar com as palavras colocadas no papel.

No dia de devolver as redações corrigidas para os alunos, a professora comentou que uma delas a havia surpreendido e leu o texto todo em voz alta. Era a minha redação. Pela primeira vez eu tinha ganhado nota 10. Depois que isso aconteceu, algo mudou em mim. Passei a acreditar de verdade que eu podia escrever bem, e assim desenvolvi minha escrita.

Quando comecei a empreender eu também não era boa em gravar vídeos ou palestrar, e era uma negação em delegar. Não tinha aptidão para dar aulas, muito menos para falar em público.

No entanto, decidi de maneira consciente treinar dia após dia tudo o que me levaria a ser quem eu gostaria

Para a escolha da sua paixão profissional, as áreas com as quais tem mais afinidade e os talentos que você quer minerar devem ser levados em consideração.

de me tornar, e o que me estimulou a fazer tudo isso foi o meu propósito.

Para a escolha da sua paixão profissional, as áreas com as quais tem mais afinidade e os talentos que você quer minerar devem ser levados em consideração.

Por que uso o verbo minerar? Porque descobrir seus talentos é como entrar numa gruta para procurar ouro. É muito difícil encontrar ouro por mera sorte. É necessário um esforço pessoal para que descubra seus talentos, sua paixão e sua missão profissionais.

Talvez esse esforço não dê resultados do dia para a noite. Eu mesma levei anos minerando. Infelizmente, ninguém vai soprar o caminho do ouro nos seus ouvidos. A mineração é parte de uma descoberta pessoal. Você está disposto a fazer tal descoberta?

Como começar a descobrir o que você mais ama?

Primeiro, pense nas grandes áreas de atividade que existem no mercado. Dê uma nota de 0 a 10 para cada área, onde 0 significa "não tenho nenhuma afinidade" e 10, "tenho afinidade total".

Mineração de talentos pessoais

Área	Nota
Desenvolvimento pessoal	
Educação	
Relacionamentos	
Gastronomia	
Beleza	
Saúde	
Idiomas	
Casa	
Esportes	
Aplicativos	
Design	
Ecologia	
Finanças	
Animais	
Entretenimento	
Espiritualidade	
Negócios e carreira	
Sexualidade	

Isis Moreira

Depois de atribuir as notas, selecione até três áreas de que você gosta mais. Separe uma semana para ler publicações sobre as áreas escolhidas. Pesquise referências e converse com profissionais de sucesso nesses campos de atuação.

Em quais dessas áreas você se visualiza atuando?

Se já souber a resposta e tiver certeza da área em que quer começar a trabalhar, maravilha! Se, porém, mesmo depois de realizar pesquisas sobre as áreas selecionadas e estudá-las você não conseguir se decidir por apenas uma delas, tudo bem. É possível ter múltiplas paixões e criar um trabalho que inclua todas elas.

Neste momento de indecisão muitas pessoas ficam aflitas. Elas têm pressa, um impulso de escolher logo. No entanto, você acha que é bom decidir de modo apressado o que vai fazer durante a maior parte do dia, mês após mês, ano após ano?

Quando comecei minha vida profissional eu não tinha a menor noção disso tudo. Sabia apenas que sentia uma afinidade maior com a área da saúde. Inicialmente, escolhi a Medicina. Por não conseguir passar no vestibular, depois de dois anos, resolvi cursar Nutrição.

Ao longo do curso me interessei ainda mais por alta performance, saúde e alimentos. Fiquei completamente

Mineração de talentos pessoais

viciada, sempre que me sobrava algum tempo livre eu devorava novas pesquisas sobre estes assuntos.

No entanto, ao atuar como nutricionista em uma clínica descobri que sim, eu amava a área da saúde, mas não amava fazer atendimentos individuais. Ou seja, amava o assunto, mas não amava a maneira de colocar o assunto em prática. Por essa razão ingressei na área da saúde atuando via internet, com e-books e programas on-line.

Após fazer um curso de coaching me apaixonei por esse ramo de atividade. Depois de ser procurada por muitas nutricionistas para falar da minha carreira, me apaixonei igualmente pela área de profissões, e também pelo assunto comunicação, negócios, escrita, *copywriting* e lançamentos digitais.

Por muito tempo recebi inúmeros conselhos de gente bitolada me dizendo que eu não tinha foco. Que atirava profissionalmente para todos os lados. Entretanto, pensar que uma pessoa precisará ingressar numa profissão e gostar de um mesmo e único assunto a vida inteira é pensar de maneira muito limitada.

Nesse ponto não existe certo e errado. Se uma pessoa encontra uma área específica na qual quer trabalhar para sempre, ela está certa. Se outra tem múltiplas paixões profissionais, também está correta.

Isis Moreira

O errado é viver refém da opinião alheia e do que os outros acham que é certo para você.

Um dos maiores impedimentos para o crescimento profissional das pessoas que estão se redescobrindo em suas carreiras é pensar no que os outros vão falar. Esqueça isso neste momento. Seja um pouco egoísta. Ao escolher o que ama, o foco é você.

Optar por algo que se ama fazer é como ser um bom jogador de futebol, mas sem nunca ter jogado antes e sem saber em que time vai estrear.

Imagine que existem cinco times e você nunca jogou em nenhum deles. Você pode escolher primeiro jogar na equipe em que acredita se encaixar com mais facilidade. Experimente. Isso não significa que será obrigado a jogar para sempre naquele time.

Se ainda sente que está num labirinto, faça um teste, tenha paciência e atitude, sinta o que é melhor para você. Infelizmente, não existe uma fórmula mágica que determine a vocação profissional. O que existe é experiência e fazer algo com excelência, que é a "mãe" dos profissionais bem-sucedidos.

Depois de descobrir e entender o que ama e quais são os seus talentos, chega a hora de entender o que vai fazer de maneira mais específica. Nesse momento,

Mineração de talentos pessoais

é muito importante que você compreenda um pouco mais a sua personalidade antes de avançar em seu caminho.

A personalidade vai além dos talentos. É um conjunto de traços, características, gostos e preferências que ultrapassam um mero perfil.

Por exemplo, você é do tipo introspectivo? Gosta de trabalhar sozinho ou prefere estar na companhia de outras pessoas?

Você gosta mais de lidar com máquinas ou seres humanos? Ou com ambos? Prefere planilhas ou conversas? Gosta de desafios ou prefere o equilíbrio?

Isso será determinante para saber se é melhor para você trabalhar em casa ou num escritório, ocupar-se com planejamento ou execução, lidar mais com pessoas ou com números.

Vamos supor que você descobriu uma paixão por roupas e agora quer abrir um e-commerce juntamente com uma loja física. Você percebeu também que ama falar com pessoas, tem criatividade, não gosta de planilhas nem da área administrativa.

No entanto, quando falamos de loja física, é necessário gostar de planejamento, delegação de tarefas, administração, liderança, vendas. Se você ama roupas, mas não gosta de nada disso, ainda pode trabalhar com roupas. Basta mudar o jeito como trabalha.

Já que você aprecia pessoas e tem criatividade, talvez possa ser estilista ou dedicar-se à consultoria de moda, o que é bem diferente de ser proprietário de uma loja física.

Mesmo assim, há profissões em que, pelo menos no início, é necessário realizar uma porção de tarefas com as quais não se tem afinidade. Um exemplo é o trabalho de empreender na internet na área de infoprodutos ou cursos digitais.

Quando comecei minha nova carreira eu detestava várias partes dela. Burocracias e planilhas financeiras da empresa, delegar tarefas, formar uma equipe, nada disso me agradava. Eu queria apenas estudar e passar meu conhecimento para outras pessoas, transformar meus alunos.

No início, tive de engolir funções que não suportava. São os ossos do ofício. Com o passar do tempo, porém, pude focar a minha maior paixão dentro da área que é gerar evolução pessoal e profissional para os meus clientes.

Por esse motivo, se exerce atividades que lhe causam muito desagrado no trabalho, você precisa se

Mineração de talentos pessoais

perguntar: "Isso é passageiro? Até quando serei responsável por essas atividades? Quando poderei delegá-las a alguém?"

Quanto mais faz aquilo de que realmente gosta e em que tem mais habilidade, melhores resultados o seu empreendimento alcançará.

No entanto, ainda que faça apenas o que ama, lembre-se: construir um negócio com propósito em mente nem sempre será um conto de fadas. Não confunda exercer sua missão profissional e ter um trabalho apaixonante com entrar na zona de conforto.

Os desafios sempre farão parte da vida de quem busca crescimento pessoal e um negócio lucrativo. Entretanto, eles vão se tornar cada vez mais leves com a estruturação do seu empreendimento.

Para ter ainda mais ideias sobre com que deseja trabalhar e como, faça um brainstorming de maneira divertida e sem pressão.

Pegue uma folha de papel ou crie uma planilha no computador. Anote todas as ideias de empreendimento que tiver, todas mesmo. Muita gente trava por medo dos próprios pensamentos, mas o objetivo do brainstorming é colocar todas as ideias para fora e depois peneirar o que você escreveu.

Para ajudar nessa tarefa, siga alguns passos:

- **Lembre-se de que você tem domínio do assunto.**
- **Se não tiver domínio, em quanto tempo gostaria de ter?**
- **Pense em quem você quer ajudar.**
- **Deixe as ideias fluírem.**
- **Ouça música para ativar a criatividade.**
- **Não deixe que esse seja um momento tenso. É hora de se divertir com as próprias ideias.**

Não se obrigue a gerar ideias brilhantes. Aproveite o momento simplesmente para colocar para fora os pensamentos relacionados ao produto ou serviço que deseja oferecer aos clientes. Não tenha medo de ter ideias "bobas" ou "grandiosas", pois ainda não é hora de analisá-las.

Você pode chamar alguém, ou até um grupo de pessoas, para ajudar nesse processo. Peça para que todos contribuam com dicas, propostas de soluções... É bem possível que vocês fiquem horas e horas nessa tarefa.

Da paixão profissional

ao lucro

CAPÍTULO 6

Isis Moreira

paixão

Depois que descobre o que ama e quais são seus talentos e habilidades, chega o momento da tomada de decisão: você vai trabalhar para si ou em uma empresa?

Mesmo apoiando a causa do empreendedorismo, valorizo quem escolhe trabalhar como funcionário de uma empresa. Muito se fala em empreender, mas admito que abrir um negócio próprio não é para qualquer um.

Para empreender é preciso assumir riscos e responsabilidades. Nem tudo é um mar de rosas, mas o resultado pode ser recompensador.

Empreender é como construir a sua própria casa, nos seus moldes, nos seus termos. Ter um emprego é

Para empreender é preciso assumir riscos e responsabilidades. Nem tudo é um mar de rosas, mas o resultado pode ser recompensador.

como estar de visita ou hospedado na casa de alguém. Não há nada de errado nisso. Porém, cada casa tem uma cultura criada pelo dono, e é necessário estar consciente disso.

Se você quer criar um negócio próprio ou se já é dono de uma empresa, há algumas bases a seguir para obter mais lucro e prosperidade.

Grandes empresas, com uma estrutura sólida e planos de longo prazo seguem essas três bases.

1. Lucro emocional

O seu empreendimento precisa gerar lucro emocional para você e para o seu cliente. O seu lucro emocional pode ser satisfação, liberdade, propósito de vida.

No caso do lucro emocional para o cliente, pare e pense: as empresas mais bem-sucedidas nunca vendem apenas produtos. Elas vendem muito mais: emoções, imagens ou resultados.

E você precisa saber exatamente qual lucro emocional está gerando. Comece, por exemplo, a observar anúncios de empresas.

Companhias áreas não vendem voos, vendem conforto e liberdade de ir e vir. Restaurantes fast-food não vendem comida, vendem prazer e rapidez em

Da paixão profissional ao lucro

forma de alimentos. Já as empresas de alimentos orgânicos não vendem alimentos sem agrotóxicos, vendem saúde e segurança para o consumidor final.

Vamos mais fundo? Advogados não vendem apenas consultorias, vendem a tranquilidade de não precisar lidar com burocracias para que a justiça seja feita. Vendem defesa e proteção.

Arquitetos não vendem meros projetos, vendem o sonho de um ambiente confortável e bonito.

Agora pense no seu negócio. Se o que você vende simbolizasse um sentimento, qual seria? Que emoção oculta está associada ao seu produto na hora da compra pelo cliente?

Compra e venda são processos emocionais. Eu me lembro do dia em que comprei meu primeiro iPhone. Sonhava em ter um, mas ao mesmo tempo estranhava aquele aparelho tão diferente. Esperei muito tempo para efetuar a compra. Quando finalmente adquiri o aparelho senti uma adrenalina enorme. Não voltei para casa com uma embalagem contendo um telefone celular, voltei com uma caixinha cheia de surpresa e inovação.

Vamos fazer um exercício agora. Liste as cinco emoções que você vende ou gostaria de vender para

Agora pense no seu negócio. Se o que você vende simbolizasse um sentimento, qual seria? Que emoção oculta está associada ao seu produto na hora da compra pelo cliente?

Da paixão profissional ao lucro

os seus clientes junto com o produto ou serviço que oferece:

1 ....

2 ....

3 ....

4 ....

5 ....

2. Consistência na geração de valor

A emoção que você gera para o seu cliente é um valor, assim como são valores os resultados dessa emoção gerada.

É necessário produzir valor, gerar lucro emocional, de forma consistente — até para quem ainda não é seu cliente. Não adianta fazer isso apenas uma vez.

Você pode, por exemplo, usar mídias sociais para entregar conteúdo gratuito. Um negócio lucrativo é feito de clientes felizes. Para conquistar clientes felizes, você precisa ter uma audiência feliz.

Eu sei que afirmar que é preciso gerar valor soa um tanto quanto abstrato. No entanto, não há nada melhor que uma pesquisa de público para entender o que isso significa na prática para a sua audiência.

3. Organização

Acredito que ordem é progresso. É possível ter um negócio lucrativo até certo número de colaboradores mesmo sem organização, mas o fato é que no caos a empresa pode se perder.

A organização começa a partir do estabelecimento de metas. Sonhos sem metas são meros desejos. Ou você tem objetivos ou não consegue ter um negócio.

Todo empreendimento lucrativo precisa de metas. Elas não devem ser estipuladas para gerar ansiedade, mas para servir de guia. Se você não tem metas, não é um líder. Se quer liderar, crie metas.

Comece liderando você mesmo. Elabore metas pessoais. Depois, comece a traçar metas para o seu empreendimento.

É importante que você tenha objetivos diários, semanais, mensais e anuais. Tire as metas da cabeça. Coloque-as no papel, em um aplicativo, em uma planilha, não importa onde. Tire-as do plano das ideias e comece a cumpri-las.

Por que muitas pessoas não conseguem tirar um

Comece liderando você mesmo. Elabore metas pessoais. Depois, comece a traçar metas para o seu empreendimento.

projeto do papel e torná-lo lucrativo? Porque se perguntam o tempo todo o que fazer e como fazer.

Aí está o primeiro grande erro. O que torna um negócio lucrativo não são essas perguntas. A principal pergunta a ser feita é: por quê?

Por que você vai "ser" esse negócio? Por que ele merece ser lucrativo? Por que atuar nessa área de atividade? Por que vender esse produto?

A resposta a tais "porquês" não deve ser apenas "ganhar dinheiro". É muito importante que sua empresa tenha como meta uma causa maior. Que ela tenha uma essência. Que melhore a vida dos clientes ou resolva um problema importante do ponto de vista deles, e não que ajude uma conta bancária a crescer.

A abundância financeira virá quando você solucionar, em larga escala, algum problema. Se não está feliz financeiramente com o seu negócio é bem provável que não esteja ajudando as pessoas como deveria.

A base do alto lucro é gerar soluções massivas. Ajudar pessoas com problemas importantes. Uma grande referência quando se fala nesse assunto é Elon Musk.

Musk não resolve problemas banais por meio das empresas que fundou ou apoia, entre elas Tesla, Solar City, Space X, OpenAI e The Boring Company.

Da paixão profissional ao lucro

Esta última foi criada para resolver um problema que afeta e estressa muita gente: o trânsito. Imagine como seria se locomover de um lugar para outro no menor tempo possível, sem se irritar com engarrafamentos e sem ser por meios rápidos como os aéreos.

Foi pensando nisso que Elon Musk teve a ideia de criar uma empresa para escavar uma rede de túneis interligados para o tráfego veloz de carros. O empresário se preocupa em resolver grandes problemas urgentes, e por isso é bilionário.

Se profissionalmente você ajuda a resolver problemas corriqueiros que podem ser deixados para depois, é bem provável que tenha muita dificuldade na área de vendas. Não adianta tentar empurrar para as pessoas algo que elas não querem e de que não precisam.

Falando em pessoas, depois de pensar sobre a razão de ser do seu negócio, refletir sobre para quem você fala é muito importante. Por que escolhe determinado público-alvo e não outro? Quais dificuldades dos seus clientes você pretende resolver para eles?

O que vai encantar e surpreender o público-alvo que você escolher ajudar? O que os seus clientes consideram incômodo e banal? Que tipo de opinião eles vão dar depois de consumir o seu produto?

Seja um detetive do seu público-alvo. Tire um raio X do comportamento dos seus clientes. Descubra quais são seus maiores desejos, o que os deixa ansiosos, que dificuldades e desafios enfrentam. Defina com muita clareza qual é a transformação exata que vai gerar para melhorar a qualidade de vida deles.

Considere também: quando fala do seu público, do seu serviço ou do seu produto, você se sente feliz ou desconfortável? Tudo isso se encaixa na sua missão de vida?

Outro fator muito importante é se perguntar: "Meus clientes vão se apaixonar pelo meu produto assim como eu me apaixonei?" Há muitos empreendedores que amam o próprio produto ou serviço, mas os clientes não.

Um negócio não é como um filho. Há pais e mães que não veem defeitos nos filhos e os defendem até as últimas consequências, mesmo quando outras pessoas dizem que são problemáticos. Se os seus clientes não são tão apaixonados como você pelo seu produto ou serviço e pelo que ele representa, atenção, bandeira vermelha!

Não adianta se iludir. Sua empresa não foi criada para você; é para os seus clientes. Para servi-los. Enquanto não os servir com maestria, não terá lucro alto.

Da paixão profissional ao lucro

Por último, você pode pensar no "como". De que modo impactará seus clientes? Pode ser por meio de cursos digitais ou produtos físicos, de um e-commerce, de prestação de serviços ou consultoria.

O "como" é a ponte que o separa dos seus clientes. Que caminho você vai criar para que eles deixem os problemas para trás e cheguem até a solução que você está oferecendo?

Toda forma de impactar seus clientes terá ônus e bônus. Você nunca encontrará um negócio 100% perfeito. Empreender nunca será viver num país das maravilhas.

Costumo separar esse tema em duas grandes pontes: as físicas e as digitais.

A ponte física é um estabelecimento. A ponte digital é a internet. Particularmente, sou apaixonada por negócios digitais, pela venda de cursos on-line e serviços via internet. Já criei dezenas de produtos digitais.

A internet nos dá liberdade para trabalhar onde e como queremos, nos dá flexibilidade. Se pensarmos na venda de cursos digitais, de e-books e de informações, veremos que não existem problemas relacionados a estoque de mercadorias e nem é preciso ter uma sede física para desenvolver um bom trabalho.

Tudo que você precisa é de um computador, da sua

Levante todos os dias e acredite no seu negócio com força máxima. Se você acreditar "mais ou menos" ele não vai prosperar.

Da paixão profissional ao lucro

força de vontade e de sinal de wi-fi. No entanto, esta é a minha opinião, as pessoas são diferentes entre si e seria tolice dizer que todos são obrigados a ter a mesma paixão que eu pelo mundo digital.

Se ter uma loja ou um comércio é o que faz seus olhos brilharem, vá em frente. Faça acontecer. Coloque energia na sua ideia.

Levante todos os dias e acredite no seu negócio com força máxima. Se você acreditar "mais ou menos" ele não vai prosperar. Se não botar a mão na massa com devoção, corpo, alma, coração e até vísceras, sinto muito, mas você será apenas mais um anônimo no mercado, concorrendo com outras pessoas que abrem um negócio próprio qualquer só para fugir de um emprego no qual devem obediência a um patrão.

Há uma lista de sentimentos e atitudes que não geram lucro: preguiça, dúvida, reclamar da crise, baixa autoestima, planejar demais e agir de menos. Pensar no que sua família e amigos vão falar também não gera lucro.

Se você quer ter um negócio que seja lucrativo, que tenha prestígio e que traga honra para a sua vida, só dê valor à opinião dos seus clientes. Quando ouvir opiniões que não venham deles, agradeça e ignore.

Quando quiser empreender, prepare-se para ouvir as pessoas dizerem que você não está batendo bem da cabeça. Vão sugerir que preste concurso para ser funcionário público porque é mais seguro. Vão querer que fique no mesmo lugar onde elas estão: na zona de conforto.

Por isso é muito importante estar firme no seu "porquê" e no seu "como". Caso se deixe abalar pelo que os outros dizem, não conseguirá dar o melhor de si no seu empreendimento e, por conta disso, ele não será lucrativo.

Arregace as mangas. Se começar um projeto, vá com ele até o final. Quantas atividades já começou e não terminou? Priorize o seu negócio. Se você não colocar o seu empreendimento em primeiro plano, ele nunca dará certo.

Se você dedica atenção a três atividades profissionais ao mesmo tempo, na verdade não dá prioridade a nada, tem apenas três trabalhos acumulados que sugam a sua energia e que você vai levando conforme é possível.

Sem foco não há lucro. E focar é condensar o seu tempo e dedicá-lo a um propósito maior, pelo tempo que for, até você alcançar o resultado que deseja. Por isso, seja paciente. Se quer mesmo ter um negócio lucrativo, jogue fora a precipitação.

A maioria das pessoas não entende que trabalhar

Da paixão profissional ao lucro

em algo que se ama e ser muito bem remunerado por isso é um presente. Acordar todos os dias e realizar uma atividade que lhe dá prazer é um regalo. Quanto tempo está disposto a investir antes de merecer esse presente?

É neste momento que muitos negócios morrem de maneira prematura e bastante gente volta para a prisão de uma vida que não ama: a maioria das pessoas não tem paciência para esperar.

As pessoas dizem "Estou há muito tempo tentando e não consigo alavancar meu empreendimento". E quando pergunto, "Ok, quanto tempo faz?", elas respondem "Seis meses, um ano, dois anos".

Você não é capaz de dedicar nem cinco anos ao seu negócio até ver o resultado que tanto sonha, até conquistar o que quer? Então você não merece esse presente ou não o considera assim tão importante.

Eu teria sido capaz de me empenhar durante dez anos para ver realizado o resultado que sonhei. No meu caso, acabei precisando me dedicar por quatro anos até alcançar o meu objetivo.

Não acredito no sucesso que acontece da noite para o dia. Pode até ser que ele aconteça para algumas pessoas, mas depender dessa sorte é como passar uma vida inteira à espera de ganhar na loteria. A sua sorte é você

Isis Moreira

quem faz todo dia, trabalhando o tempo que for necessário para chegar aonde quer, realizando o seu melhor cotidianamente, sem depender das condições e do tempo ruim.

O prêmio que você busca merece o seu esforço? Pense nisso.

Celebre o seu melhor

CAPÍTULO 7

Isis Moreira

Agora, mais que tudo, chegou o momento de agir. De colocar todos os ensinamentos deste livro em prática. De descobrir e redescobrir diariamente o melhor que existe em você e vivê-lo todos os dias, a todo vapor, de maneira imparável.

Como se reinventar profissionalmente, viver do que se ama e ter um negócio lucrativo? Conscientizando-se todos os dias.

Tenha convicção dos seus talentos. Repita para você mesmo, cotidianamente, no que você é realmente bom. E se ainda não adquiriu o talento que deseja, lembre: ele virá pela repetição.

Esteja convicto de conhecer o "porquê" dos seus

Celebre o seu melhor

clientes, o seu "porquê" pessoal e o lucro emocional que gera para os seus clientes. Tenha consciência do impacto que deseja gerar no mundo.

Não importam as dificuldades que você venha a passar, o mais relevante é ter o *mindset* adequado para superá-las.

Sem você ser forte e estar convicto dos seus valores, o seu negócio não seguirá adiante. Pense todos os dias em como pode se divertir cuidando do seu empreendimento, celebrando todo dia o poder que é estar na sua essência, permitindo-se ser uma força que gera resultados e, o principal: saber que não vai desperdiçar sua vida e o seu tempo.

O primeiro passo para você, a partir de agora, é **priorizar**. Rompa o vício de dizer "sim" para o que não ama e desenvolva uma inabalável capacidade de seguir o que é mais importante para si.

Quando foi a última vez que você completou um projeto que considerava realmente importante? Há quanto tempo estabeleceu um objetivo relevante e conseguiu atingi-lo?

Certifique-se de dominar a competência de terminar o que começa. Seja uma pessoa viciada na palavra "feito".

O primeiro passo para você, a partir de agora, é **priorizar**. Rompa o vício de dizer "sim" para o que não ama e desenvolva uma inabalável capacidade de seguir o que é mais importante para si.

Celebre o seu melhor

Evite trabalhar em muitas coisas ao mesmo tempo em vez de fazer progresso significativo em um único projeto que realmente importa. Caso contrário, o resultado será sobrecarga e cansaço.

Não caia no erro de nadar sem direção, trabalhando duro só para tentar manter a cabeça acima da água, sem um destino definido.

Escolha o que é mais importante para você e priorize. Qual projeto poderia focar agora e que, ao ser executado, provocaria um tremendo impacto positivo no seu trabalho e na sua vida?

Pense também no tempo que dedicará ao seu projeto. Você pode, por exemplo, nos próximos dois meses investir cinco horas por semana, no mínimo, até concluir seu projeto principal.

Liste todos os planos ou objetivos que está considerando. Reflita separadamente sobre cada um deles, perguntando-se:

Isis Moreira

- Como esse projeto beneficiará outras pessoas, em última instância?
- Qual é o benefício desse plano para minha família, minha equipe, meus clientes, minha comunidade ou a sociedade?
- Qual recompensa pessoal esse projeto vai me oferecer?
- Qual impacto a meta atingida terá na minha vida mental, emocional, espiritual, física e financeira?
- Qual é o projeto ou objetivo que, se eu concretizar ou alcançar, causará maior impacto positivo no meu negócio e na minha vida?
- Quem precisarei ser para tornar esse projeto uma realidade?
- Quais habilidades, hábitos e traços de caráter preciso ter ou desenvolver a fim de transformar meu projeto em realidade?

Depois de avaliar as respostas, consulte seu coração, sua mente e sua intuição e pergunte a si mesmo: a conclusão de qual desses objetivos ou projetos seria mais significativa para você?

Inclua em suas considerações prazos claros e

Celebre o seu melhor

estimáveis e certifique-se de que o objetivo é possível. Descreva seu objetivo ou projeto de maneira concreta. Certifique-se de que suas metas são:

- **Específicas**
- **Mensuráveis**
- **Alcançáveis**

Exemplo: "Quero lançar o produto tal até a data X e ter um número Y de clientes".

Escolha qual método ou ferramenta usará para executar seu plano e a frequência com que vai acompanhar o progresso dele. Diária, semanal ou mensal? Escreva três razões pelas quais está seguro de que pode ter êxito na empreitada.

Depois de estabelecer o que é prioritário, organize sua vida em torno disso. A maior desculpa que todos nós podemos usar para não transformar um sonho em realidade é "não tenho tempo".

Se não decidir com antecedência quando, como e onde vai trabalhar para dar vida ao seu projeto, você não estará lhe dando a importância merecida e não se dedicará de fato a ele. E, provavelmente, não o fará acontecer.

Não podemos deixar o trabalho para "quando der" ou "quando sobrar tempo". Problemas inesperados vão surgir, mas se você se planejar e definir como poderá enfrentá-los, eles não serão obstáculos no seu caminho.

Comece a trabalhar com o resultado final em mente, olhando para a data em que você quer ver tudo pronto. Monte um cronograma "de trás para a frente", começando pela data de término do projeto, e determine os períodos necessários ao longo de dias, semanas, meses, para alcançar o seu objetivo no prazo.

Em seguida, seja firme e marque no calendário tudo o que você planejou e organizou. Estabeleça datas! Consulte sua agenda para lembrar todas as atividades que estão programadas.

É claro que, como já disse, programar as atividades que vai fazer implica definir também as que não vai fazer. Então, escreva o real motivo pelo qual está dizendo "não" àquelas atividades, sem censura. Expresse seus sentimentos e descreva como gostaria de avançar com esse compromisso em um mundo ideal para você.

Por fim, execute, execute, execute. Tenha mais paixão pela execução do projeto em si do que pelo resultado final. Comece antes de se sentir pronto, certamente

Não podemos deixar o trabalho para "quando der" ou "quando sobrar tempo". Problemas inesperados vão surgir, mas se você se planejar e definir como poderá enfrentá-los, eles não serão obstáculos no seu caminho.

você se tornará alguém muito melhor ao longo do caminho até alcançar o seu objetivo.

Anote pelo menos cinco etapas concretas que poderia determinar para realizar seu projeto ou estabelecer como metas para atingir na vida. Não se preocupe em não se sentir pronto ou preparado o suficiente. Basta listar algumas fases de ação simples que o ajudarão a criar impulso para alcançar o seu objetivo.

Qual passo a ser dado é emocionante e até um pouquinho assustador? Escolha um curso de ação que seja inteligente e tire você da sua zona de conforto. Foque essa etapa de ação concreta e siga em frente.

É um presente ter o seu futuro nas próprias mãos, podendo ver com clareza que possui a capacidade de priorizar o que é importante, de saber se organizar e de transformar em realidade um projeto que existe na sua mente.

Estar vivo é um milagre. Celebre esse milagre todos os dias realizando o seu melhor, sempre.

Entre no link abaixo e tenha acesso a uma checklist para desvendar seus próprios talentos profissionais:

www.isismoreira.com.br/talentos

Este livro foi impresso pela RR Donnelley
em papel pólen bold 90g.